JN418797

Lee Soo-Ik

시인 이수익

처음으로 사랑을 들었다

시인 이수익/ 李秀翼

경남 함안에서 태어나 1963년 〈서울신문〉 신춘문예로 등단, 1965년 서울대 사범대학 영어과를 졸업했다. 라디오 PD로 입사, KBS 라디오 2국장을 역임했다.

'현대시' 동인으로 활동하며, 1969년 시집 『우울한 샹송』을 비롯하여 『푸른 추억의 빵』, 『눈부신 마음으로 사랑했던』, 『꽃나무 아래의 키스』 등을 냈고 이번에 『처음으로 사랑을 들었다』는 열 번째 시집이다.

현대문학상 · 대한민국문학상 · 정지용문학상 · 한국시협상 · 지훈상 · 육사시문학상 · 이형기문학상 등을 수상했다.

처음으로 사랑을 들었다

지은이 | 이수익
펴낸이 | 설보혜
펴낸곳 | Poetics 시학
1판1쇄 | 2010년 7월 5일
출판등록 | 2003년 4월 3일
주소 | 서울 종로구 명륜동1가 42
전화 | 744-0110
FAX | 3672-2674

값 10,000원

ISBN 978-89-91914-95-7 03810

이수익 시집

처음으로 사랑을 들었다

시학
Poetics

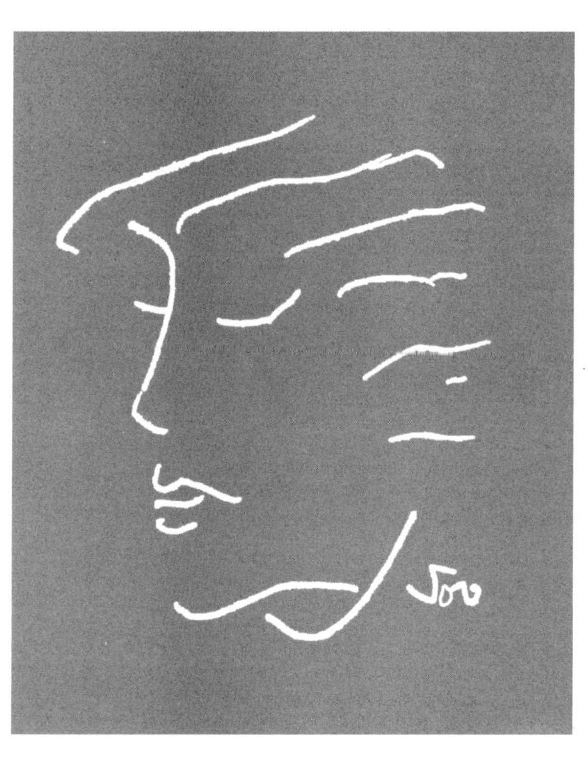

■ 시인의 말

『처음으로 사랑을 들었다』는 나의 열 번째 시집이다.

열 번째……라는 말에 대하여 나는 무엇인가를 써야만 할 것도 같고, 또 그런 매달림을 견뎌 나가는 일도 괜찮을 것 같았다.

결국 나는 그냥 말없이, 열 번째라는 숫자를 잊어버리기로 하였다.

보다 더 새로운 편에 서 있고 싶은 날이 많다.

새로운 소망, 새로운 이끌림, 새로운 헌신, 새로운 갈망 등에 대하여 마음을 열어 놓고 친해지고 싶다.

내가 마음을 열어 놓지 않으면, 그들은 나에게 아무런 말도 들려주지 않을 것 같기 때문이다.

가자, 더 힘껏,
더 멀리까지!

2010년 여름에
이수익

차 례

제2부

제3부

제4부

제1부

쇠재두루미 떼를 따라 날다

쇠재두루미 떼가 히말라야산맥 가파른
직립의 고도를 넘어가고 있다
계절을 나기 위해 이동해야 하는 습성,
떼는 대오를 지어 날며 생명의 상형문자를 저 높은
하늘벼랑에 찍고 있다
연회색 날개가 퍼덕이며 소리 내어 읽는 일련의 문장들이
점점의 약호略號가 되어 뿌려지는,
시퍼런 장천長天

운명은 이런 것이다 결연함만이 우리를 살게 하거나
혹은, 깨끗이 죽게 할 수 있다
따뜻한 상승기류를 타고 쇠재두루미 떼가 날아오르는 동안에도
어느 순간 폭풍과 난기류가 유령처럼 와락 나타날 수 있으므로
검독수리의 날카로운 주둥이와 발톱이 그들을 덮칠 수도 있으므로

날갯짓 하나하나는 운명을 건 약속, 물러설 수 없는 길을
바로 지금, 시간의 바퀴에 굴리며 가야 한다

만년의 침묵 하얗게 내뿜는 히말라야산맥
고산준봉 너머로
쇠재두루미 떼 행렬이 유랑의 무리처럼 까마득히 물결치며 날고 있다
새들과 산맥 사이의 공간에, 생사를 건 팽팽한 대치가
서로를 긴밀하게 빨아들이고 있다, 아니, 밀어내고 있다
가깝게, 때로는 멀리 파도치는 그들의 윤무가, 바로 생이다!

50인치 모니터 화면을 덮고 있는 장대한 백색 풍경
속에서 나는, 멀어져 가는 쇠재두루미 떼의 날갯짓을 떠받치고 싶어
기를 쓴다
탁자 위 유리컵이 굴러 떨어지며 소리친다

간월암看月庵

낮에는 간월암 오지 마라

간월암은 달이 숨차게 빛나는 밤에만 있으니까

서해 바다 밀물지고 그 작은 암자

흔들리는 바다 위에 부평초처럼 떠 있을 때

속절없이 갇힌 몸이 물 위에 앉거나 드러누워

천千의 파도 위에 달빛 새겨져 있음을 바라볼 때

마음속에 한 송이 연꽃처럼, 돌아오는 한 척 배처럼

눈부신 그림자 피어오르는

그런 밤이라야 간월암은 있는 것이니

그대, 낮이거든 눈먼 발걸음으로 여기 오지 마라

환한 햇살 아래에선 그 암자 아무 데도 없다

고양이 엘르

고양이 엘르는 강한
눈빛을 번쩍이며, 앞으로 조금
옆으로 조금
살펴보고 있다, 바짝 고개를 수그린 채
고요히 떠오르는 물체를 향하여, 소리 죽여

부서질 듯 어금니
꽉 물고
이번만이야, 달아오르는 유혹에 가득 침 흘리며
조금씩 더 앞으로, 조금씩 더
앞으로
움직이는

고양이 엘르
폭신한 이불 위에서 느긋하게 눈 뜨다가, 덤벼드는
어린 아이의 장난감을 물어뜯기도 하고
얼른 제 몸을 옆으로 뒤집기도 하고, 함부로 껴안기
도 하면서

시간은 수평적으로, 좌우 방향 없이, 뒹굴어 가는 것이라는
사실에 흔곤히 적셔진 채, 목적도 없이 부드러운 제살결을
자꾸만 어루만지던, 그 어리석음과 나태함을 멀리 떠나서

뛴다, 엘르,
폭풍처럼
순간의 기미를 놓침이 없이
저 앞서 달리는 날쌘 쥐의 등 쪽을 내려칠 듯이
파닥이는 가슴 쪽을 바싹 후려갈길 듯이
처음으로 다가서는 비릿한 약탈의 냄새 후루룩 끼치며
오른발로 쥐를 붙들어
맨다

한 번 만에!
너의 무서운 본능이
뛰쳐나왔다

용서할 수 없는 자

나는 함부로
칼을 다룬 적 없다.
함부로— 라는 말을 쓰는 것은
칼의 위대한, 섬뜩한 피의 본능을 잘 앎으로써
칼의 독립적인, 보복해야 할 굶주림의 뜻을
가슴에 부릅뜨고, 힘껏 되새기고 있음으로써
칼은 고요히 저 칼집에 감춰져야 할 것임을
믿는다.
그동안 검객의, 무서운 피가 뚝뚝 떨어져 내리는,
위독한 죽음의 멈춤과 나아감의, 어두운 격전지에서의
땅속에 묻히는 자들의 목마름이,
피비린내 나는 칼의 전사戰史라면
이와는 반대로
깊숙이 칼은 말없이 꽂혀 있음으로써, 보다 더 큰 힘을
가슴에 새겨 두자는 것이다.
무거운 칼날을 쓰지 않는, 오랜 벼랑 같은 침묵이
더욱 크고, 묵직하다.
칼!

처음으로 사랑을 들었다

한 여성은
드디어 고막이 터져 버렸다네, 깊고 캄캄하게,
너그러운 휴식을 맞이했다네, 아무렇게나 들을 수 없는
편안함이 그의 몸속으로 흘러들면서, 오래오래,

처음으로 그는 세상의 소리를 들을 수
있었다네, 처음으로 그 세상의 남자가
여자를 만나서 온몸과 마음을 울리며 하던 말,
참으로 눈부신 열애의 고통을 떨어뜨리며
울부짖던 말, 한없이 숨 가쁜 사랑의 묘약이
백 년이고 이백 년, 삼백 년을 거듭 견디며 내뱉던 말,
황홀한 눈물 없이는 차마 못 들을 그런 말, 말, 말,

강렬한 입맞춤은 귀의 내이 사이에서 공기압력에
불균형을 가져와 고막이 터져 버린다는 것인데,
그런 '푸' 하는 소리와 함께 세상의 모든 소리들은
꺼지고 사라지고 말아, 그럼으로써 한 여성은 참으로

세상에서 들을 수 없는 소리를 들을 수 있게 되었다네,

오래오래 무너져 내려야 할
거대한
저 사랑의 지옥 같은 것

두렵지 않다

찬 바닥에 누워서 잠드는
나의 무릎, 어깨,
팔은
바닥보다 춥지 않고
붉은 혓바닥에 갇혀 있는 침은
겨울보다 메마르지 않다
천천히 더듬으며, 하얗게 말을 이어 갈 수 있는
몸, 따뜻해!
북풍이 몰아칠 가혹한 날들, 저 무위한
바람막이 같은 쓸쓸한 추위, 더 기억해야 할
부적의 날들 있으나
참고 살자
뼈를 포갠 채 살아갈 날,
나는 두렵지 않다

로드 킬road kill

어둔 밤 길가 숲에서 나와 고속도로를 횡단하던 한 마리 토끼가
야행성 맹금류 수리부엉이에게 꼼짝없이 붙들렸다.
억센 수리부엉이 발톱이 토끼의 한 줌 몸집을 움켜 쥐고
그 날카로운 주둥이가 여린 살점을 물어뜯으며
막 야밤의 포식을 즐기려는 참인데

멀리서 하얗게 불빛을 쏘며 달려오는 자동차 한 대의
맹렬한 질주가 팽팽하게 고속도로를 끌어당기고 있었다.
잠시 후, 불빛이 정면으로 눈부시게 밝아 오자
다급해진 수리부엉이가 날개를 쳐서 비상하는 순간
전속력으로 달려온 차가 그 일대를 바람처럼 훑고 지나가려는 힘과
정면으로 부딪쳤다.

외마디 비명도 없이,

수리부엉이는 차체의 한 모서리에 충돌하면서
어둠의 아가리 속으로 튕겨 들어갔다. 그러나
그까짓 일쯤은 아무것도 아니란 듯, 차는 이미 전방을 향하여 질주했다.
토끼의 버려진 죽음과, 잠시 떨어진 곳에 방금 참변을 당한
수리부엉이의 찢긴 날개와, 움직임을 멈춘 눈알과, 박동이 끊어진 가슴이,
운수 사나운 날의 간밤 꿈 조각처럼 뒹굴고 있었다.

이렇듯 때로는
옆구리를 툭, 치고 가는 만큼의
그런 가벼움일 뿐인 죽음에
길은 조금씩 길들고 있었다.

물 폭탄이 왔다

강풍에 아파트 창문이

너무나도 크게 시달렸다. 잿빛 불운에 떨었다.

새파랗게 넘치는 비바람 속에 머리를 내민다는 건

어리석은 일. 죽음이 폭력처럼 밀려와

그의 빈 가슴을 우지끈 파 버릴 텐데. 그냥 가만있어 봐.

15미터 길이의 전봇대 무참히 길바닥에 널브러져

순간, 시퍼런 불꽃칼날이 휘날리었다.

세상은 온통 캄캄해졌다.

육중한 나무들 뿌리째 뽑혀 천근만근 휘늘어진 채

일어설 줄 몰랐다.

우리는 서로 가깝게 끌어안고, 숨을 죽이면서, 한사코

살인마의 이 고통을 꼿꼿이 기억하고자 했다.

결코 죽지 않을 것이다. 한 번 더 오래, 오랫동안.

생가

저 집이다
그 사람이 태어나고
어릴 적에 꿈을 먹고 자랐으며
대저大抵 큰 꿈을 찾아 도회지로 떠났던

유적으로 빛나는 저 집
수십 년 전 그 자리에 그대로 앉아
누가 일으켜 세워 주지도 않으며
아니, 제 뜻으로 그렇게 앉아 있는

퇴락한 흙벽
말간 나뭇결이 힘줄처럼 비치는 마루
아— 하고 입을 벌린, 그늘진 몇 칸의 방과
부엌
작고 단순한 마당으로

이끼 낀 적막에 싸여 있는 그 집
해묵은 혼령의 찌꺼기 냄새와 빛깔을

고스란히 안은 채
줄 있는 방문객들 앞에서 포즈를 취하는

그 집, 앤티크 상품처럼
고고한

나무에게 말 걸기

나무는
뿌리가 땅속으로 어느 정도
박혀 있음으로써
그것이 처음, 세상을 향하여 발길질해 나올 때처럼
푸릇푸릇 꿈을 먹은 듯하지만

글쎄, 그 나무가 자라는 것을 보면
높이높이 떠오를수록 나무는 점차 뿌리가 작아져서
사람들은
줄기와 잎사귀, 꽃잎에게서 활짝 발화하는 흥망성쇠의
눈부신 주류와 개별적인 빈부를 한창 그려 낼 뿐

혹은 구름, 바람, 빗줄기들이 던져 줄 터무니없는
시중 루머나 스캔들에 온몸 달아올라
사람들은 그런 일로만 나무를 늘 기억할 뿐
그리하여 한 번 다시, 나무를 죽여 버리기 위해 나선
다는 것을

나는 생각하네, 저 뿌리의 힘으로 말해야 할 것들
거친 숲에 휘감겨서 우중충하게 말 못하는 것들
여전히 살아 있듯
뿌리가 없으면 세상에 더 일어설 수도 없다는 것을
한 번 더 보여주자는 듯

나는 나무를 글썽이며, 이야기하네

꺼져라, 봄

내 젊었을 적엔
봄날에도 신록이 보이지 않았다.
새순의 연푸른 숨결 뒤척이는 소리도
그 자잘한 파랑 같은 웃음도
들리지 않았다, 내 젊었을 적엔
나 또한 무섭게 푸르게 빛나는 신록
우리는 동류항으로 함께 묶여
서로 구분 없이 물들어 있었다.

지금, 거칠고 메마른 손길로 나는
4월에 피어오르는 신록의 잎새들을
조금씩 문질러 본다.
향기롭게 피어나는 냄새를 코로 맡아 본다.
까르륵, 웃는 그들 웃음소리 귀에 대 본다.
이미 우리 사이 닿을 수 없이 아득히 벌어진 거리가
그 향기, 그 웃음, 그 숨결을 환히 밝히고 있다.
너희들은 이제 나와는 멀리 있구나.
그래서 뚜렷이 보이는 구나.

그래서 내가 나를 보게 하는구나.

오오,

꺼져라, 봄!

숲

그들은
단단한 사고뭉치였다.
깨뜨릴 수 없는, 힘의 강한 어깨를
가진
패거리 중의 패거리였다.
그들이 한번 뭉치면
일은 터져서 막무가내로
수습이 어려웠다.
까마득했다.
오늘은 어찌하려는가, 며칠째 억센 불등걸에
몸을 지진 사내들을 끄집어내어 보았을 때
아직 시퍼렇게 발기해 있는 욕망의 튼튼한 근육이
잡혀 왔다.
정말,
힘이 세었다.

위로 솟구치는 꽃들

네 동백꽃이
땅으로 떨어졌다고
슬픈 일 아니다.

네 동백꽃이
땅으로 떨어져서
지상의 아름다운 화음이 되었다는 것을
알면,
그 처음 화사한 꽃망울의 부신 자멸自滅을
축복해 주어야 한다.

동백꽃은 참으로
위에서 떨어지는 것이 아니라
아래에서 위로
아래에서 위로
솟구치는,
번쩍이는 상승의 욕망이 있음을 알아차린다면

그것은 이미 4월에 끝나는 것이 아니다.

동백나무
오, 떨어져서 피어나는 꽃들
선운사에
가득하다.

사하라, 사하라

모래 함정이 숨겨져 있다
드러나지 않은 채, 끄나풀이 한순간
풀리면서
무서운 열화熱火을 견디고 있다
희고 붉은 바탕 위에 아로새긴 죽음의
문양을 바라보고 있듯이

매일은 차갑게 단련되었다
우리는 어제의 공포 속으로 흘러들어 갔다
다시 한 번, 또다시 한 번, 숨죽여
모래의 폭풍 속으로 뛰어들거나 숨이 막히거나
거친 암석에 시달리면서
온몸을 단단히 섞어야만 했다
초토화된 밤 같은데서 우리는 차마
고단하게 잠을 이룰 수 있었으므로

오, 횡단은
거의 끝이 났다

아픔이 있는 살점, 당신의 살점, 그리고
나의 살점,
이 모든 거룩한 고통 위에
우리의 불행했던 과거는 막을 내린다
물고기의 서늘한 아가미처럼 펑펑펑 축포는 터뜨려
질 것이다
마지막으로,

우리가 받을 거대한 불화不和는 어떤 것인가
나는 즐겁게 그것을 기다리고 있다

옛 향기

전보화재電報火災*가 지나간 터에
가만히 서 있어도 이름날 절 하나가
불쏘시개처럼 그냥! 사라져 버렸다
세상에, 세상에, 그 유명한 일급 사찰이
왜 그리되었느냐고 우리들 중 몇몇은 기가 막혀
차갑게 식어 버린 산등성이를 향하여 대들었지만
그렇다, 사라진 것은 그냥 사라진 것일 뿐,
아직도 세상을 눈부시게 빛낼 수 있는 것 있다면서
우리들 마음을 뜨겁게 끌어 모으던 사람들이 몇 모여
대웅전 석가모니 부처님부터 서서히 불사를 일으키자는 것이었는데

아, 과연 어떤 것이 좋을까, 붉고 푸른 탱화의 설렘부터
환하디환하게 열린 법당마루며 나한전, 명부전, 삼성각까지

* 전보처럼 신속하게 확산되는 화재를 이름.

또는 일주문 지나 천왕문, 불이문, 요사체, 탑을 지나기까지
맑고 새로운 틀은
한없이
펼쳐질 것인데

참, 오래된 절간 괴괴하게 슬픈 모습에서 옛 향기를 맡던
사람들은, 좀 섭섭하겠다, 그런 생각도 얼핏 드는데

적을 누르는 법

늙어서
나는 지혜롭네
성급하게 쥐를 물어뜯는
고양이처럼 앙칼지게 성깔을 고스란히
드러내어 자랑하지도 않고
내가 이길 수 있는 양만큼의 힘을
조용히 풀어 놓음으로써
저절로 싸움의 권위를 유리하게 세워 나가는 전략을
즐긴다네
나는 도무지 엉터리 같은
그런 게임의 원칙에 순응하면서
슬며시 적을 눌러 이기는 법을
제일로 친다네
어디, 나를 한번 이겨 봐?
물컹한 잇몸으로 힘없이 쓰러져 버리는 내가
제법 고수高手라는 걸 자네가
알게 된다면

제2부

붉은 말

붉은 말이 달리고 있다
붉은 그 피가 뛰고 있다
붉은 혓바닥이 한없이 펄럭이고 있다
좀처럼 멈출 것 같지 않은 그 말의 재빠른
건각健脚이, 죽음을 훨씬 벗어나 성큼성큼 물어뜯는
부푼 말의 기운이, 결코 화해할 수 없는 그 말의
시퍼런 절망이
앞을 건너뛰며 던지는 나의 질문에
답할 수 있을까, 없을까를 알아보기도 하는 것이지만

참으로 붉은 말이 달리고 있다는 것
붉은 그 피가 뛰고 있다는 것
붉은 혓바닥이 한없이 펄럭이고 있다는 것이
너무나도 울부짖는, 자유 같아서!

연극처럼

화염 하나가
훨훨
팽창하듯이 타올랐다

사방에 퍼진 열을
모두 씹어 삼킨
그것은, 최후의 순간을 향하여 뛰어든
맹렬한
자폭

나는 서서
귀를 꽉 틀어막고
눈을 감고
고개를 아래로 단호히
꺾고

터질 듯한 욕망을 부순다
으깨어진 사금파리 같은 지독한 편애가

숨어 있었던 듯
개처럼 왈칵 달라붙는다

나는 뒤로
벌러덩 드러눕는다

날자, 지옥같이 눈부신 천지

나를 뚫고 지나가는 화살은
아직도 화살이다
후륵, 후르륵, 나를 뚫고 꿰매듯
날아가는 화살은
최초의 한 지점을 향해 돌진하는 불굴의
아우성을 지니고 있음으로

한 번의 겨눔으로 손을 떠나는
화살은
제 목표를 찾아 발화하면서
저의 올곧은 정신 대번에 보여 주자는 듯
그것은 맨 처음 절규하던 시간, 피 끓어오르던 욕망을
참아 낼 수 없다는 사실만으로도……

그러나
이미 솟아오른 화살은
처음에 삐끗, 하면서 날아갈 방향도 정해져 버려
그때는 벌써 뒤늦은 결과를 바라보며

한순간에 모든 비극이 환히 드러나 보인다는,
이 어쩔 수 없는, 제 스스로 수습해야 할 일 때문에

화살은 지금 새로운 세상을 비비며 호흡하고 있다는
사실, 천만뜻밖에 너무나 알 수 없는 미적분의
순수한 대상을 바라보고 있다는 사실, 또는 참으로 낯선
소통이 부풀어 터질 듯 황홀하게 온몸을 이루만지고 있다는
사실, 핏줄과 핏줄이 팽팽하게 몰린 채 이 지옥같이 눈부신
천지를 들여다보고 있다는 사실만으로도

날자! 화살은 참으로 기막힌 절창 하나를
뽑아야 할 것인데

가면처럼 슬픈

장난삼아 남의 머리를
쥐어박는 사람이 있지, 옆구리를 쿡 찌르거나.
그에게는 그런 일이 대수롭지 않은
한낱 가벼운 몸짓일 뿐이겠지만
이유 없이 쥐어박히는 이에게는 그런 아픔도
표정을 감추기 어려울 만큼 진지할 때도 있다.

내가 그것을 아픔이라고 말했는가?
그렇다면 그것은 육체적인 아픔을 뜻하는 것,
아직 나는 정신적인 고통, 혹은 비애에 관하여
말하지 않았다. 그의 자존심에 관하여.

길가의 돌멩이를 할 일 없는 발길이
툭, 건드려보고 힘껏 멀리 차 보는
그런 경망함이 자신의 머리를 쥐어박았다는 사실에
그의 분노는 끓어오를 수 있다. 내부적으로,
자신의 존재가 가면의 얼굴처럼 슬퍼지는 것이다.

그래서 그는 가슴에
오래전부터 칼을 하나 벼리고 품는다.
무심코 제 머리를 쥐어박는 예의 그 손을 향하여
피 끓는 보복을 던지는 날이 오기를

울면서 다짐하는, 크나큰 약자弱者의 부릅뜬 손.

반단이

물고기는
벌떡벌떡,
살아 있어서

물고기는
제대로 잠다운
잠을 이루지 못하면서

물고기는
재빠르게 나의 수행자로
머물면서

물고기만큼
물고기만큼
파천황破天荒의 꿈을 일으키는 것이 또
있을까

물고기, 한번 크게 번쩍이면서

번쩍이는 동안 밤과 낮의 찬란한 비유比喩로
떠 있는 것을

알지, 나는
물고기라는 말, 그 따뜻한 벽에
기대어 서서

말할 수 없는 슬픔
— 케테 콜비츠를 위하여

어제는 끊임없이 죽음에 관한
이야기만 하였다
그리고 끝으로, 눈이 많이 내렸다

눈이 내리자
사람들은 입을 봉한 채
가까운 이웃과 낯선 사람들의 운명을
극적으로 관찰하기도 하였지만

언제나
자기 자신만 남아서
움푹 슬픔으로 꺼져 내린 눈이
한없이 선량하였으니

변두리 마을,
위로 솟구치는 손, 그리고 그곳에 서서
나의 무덤을 팠다!

번개 치는 날이여 아무쪼록
오래 계속되기를

갑자기 실명처럼

그리고 어느 날, 끝이 왔다
전란戰亂과 같은 황폐한 어두움이
내 폐부의 벽을 깊숙이 긁어 내렸다

붉은 울음의 강을 건너뛰며, 한사코 나는
네게로 달려가려 하였지만
너는 빛나는 차디찬 돌의 감각으로
점점 더 움츠리며 굳어 갔을 뿐이었다

난해한 갑골문자의 흔적 앞에서
나는 옛 사랑의 비문碑文을 떠올린다
이제 나는 말할 수 있는 혀가 없다, 시퍼런 눈알이
없다,
들을 만한 귀가 없다, 쩡쩡한 가슴도 없다
죽음에 대한 편애만이
검푸르게 나의 내면을 소용돌이치며 흘러갈 뿐이다

네 발자국이 사라졌다,

어느 날

오, 갑자기 실명처럼

선택

과녁을 향하여
정조준을 끝낸 화살을
띄운다
마지막— 이라는, 필생의 한판
승부를 위하여
저 먼 하늘 끝으로 시위를
날린다

날아가는 일은
지금의
운명,
포기할 수 없는 힘에 갇힌 중력으로
한번 거칠게 부딪쳐 보자는 듯
더 높이 떠오르는 일의 불굴의 욕망만으로
그의 입은
가득해진다

마침내,

떨어져 내려야 할 충격적
시간이
조금씩 조금씩 가까이 다가오면서
불의 주둥이에 갇힌 크나큰 고통이
두려워지기 시작한다

그는
끌어당기는 하강의 속도로
파르르 떨리면서
한순간에 힘을 쏟아야 할 시점에 이르러,

그것은
폭풍 같은 명중으로
가슴을 치면서 우뚝 서 있거나
또는 어처구니없이 텅 빈 나락으로 굴러 떨어지는
일의
그중에서 하나가 될 것이므로

오,

마지막 선택은

시작된다

피어오를 때

그것은
까마득히 죽어 있었다고
믿는 사람들의, 바보 같은 어리석은 흐느적거리는
뉘우침이 있었다, 아주 새파랗게
발에 차인 돌멩이처럼 저렇게 물속에 들이박힌
채, 고개를 수그린 한 잎의 과일처럼

그리고 잊힘, 또는 아득한
파멸이 왔다
우리는 얼음 위에 수직으로 된 붕괴와 절망을
셀 수 없이
그려 넣었다

문득 눈을 떠서
아득히 바라보는, 처음 보는 것들이
이상한 향기에 묻혀 있었다, 우루루루 일어섰다
나는 두 팔과 다리의 꺾인 뼈를 세우며
그것을 분노처럼 격정처럼 혹은 아우성처럼 온통

휩싸인 채

맑은 피가 용솟음치는
벅찬 심장을 들이켜면서, 혹은 가득히 뿜어내며
숨을 쉰다, 나는 하늘로 힘껏
뛰어오를 것 같다

전쟁

탕,
탕,
탕,

나는 거꾸러졌다. 푸들푸들
흔들리는 손아귀, 움츠러드는 하얀
앞가슴, 험악하게 찌그러 드는 늑골의
뼈들, 일어서야 한다고
일어서야 한다고 믿는, 바보 같은, 그 어리석음에 대하여

나는
쏜다, 정면으로
나의 일어설 수 없는 힘이
땅바닥에 무릎을 꿇고 엎드리면서
메마른 혓바닥을 길게 늘어뜨리면서
파충류처럼 오래오래, 한없이 흔들리면서

전쟁이여, 어서
끝나기를

이상한 나라

나는
한 줄기의 뼈 속에서, 불덩이처럼
타올랐다, 그리고 드디어 하얗게
녹아내렸다

끝없는 침몰이 커다랗게 벽을 허물어뜨리는 순간

살점은
없었다, 피의 울부짖음으로
끓어오르던 죽음에 대한 애착, 절망,
또는 그런 모호함으로
단단하게 나의 몸이
말해 주었다

그저
숨죽여 흘러갈 뿐이었다, 재빠르게
시간은 펄럭펄럭 지나가고, 당신은 골똘하게
살아 있는 목숨에 대하여

다소 엄숙한 시간을 가져다주었다

그렇게 어느덧
환히!
불이 켜졌다

웃음으로 말하기에는 너무나도 슬픈
슬프다고 말하기에는 너무나도 기쁜
이 이상한 나라에 내가 와 있다, 마치
얼떨떨한 표정을 감추지 못한 채 당신은 나를

나를 내려다보고 있다

비둘기를 만드는 법

너는 이미 나의 결점을 잘 알고 있네.
내 눈을 빨아들이는 너의 거침없는 손짓과
그 손에 들린 소품들은 단호하게
너의 솔직함을 증명하려 하지.
내 눈빛이 면밀히 탐색하는 공간에선
일말의 의문도 품지 않도록
너는 보여 주네, 불빛 속에 환히
한 장의 푸른 보자기와 텅 빈 나무상자, 또는
매듭이 없는 로프들을
보라며 내 눈앞으로 가득히 밀어내네.
그때부터 시작된 나의 어리석은 고정관념
사이로 너의 세련된 춤은 뛰어들어
완벽하게 연기하며 나를 안심시키네.
자주 궁금한 곳을 열어 보라는 듯 비춰 주며
그리고 이미 들켜 버린 나의 결점을 희롱하듯
너는 제멋대로 나를 이리저리 데려가며 유혹하지.
얼마나 나는 사랑스럽고 멍청한가.
너의 현란한 춤사위에 붙들려 쉽게 이끌려 가는

나의 맹목, 그 달콤한 방황이 이어진 끝에, 드디어!
너는 내게 기상천외한 카드를 꺼내 보여 준다네.
보자기 속에서는 하얀 비둘기가 솟아나고
방금 피어오른 불꽃이 꽃송이로, 꽃송이가 다시 후루룩
종이가루로 흩날리고
나무상자 속에서 사라진 여자가 돌연 나무상자 밖으로
유유히 걸어 나오는 것을.
그리하여 나의 오래된 결점으로부터 완벽하게 탈출한 너는
나의 놀라움과 어리석음을 바라보며 중얼거린다네.
우리는 잠시 완벽한 파트너가 되었노라고.

바보처럼

지도는 흘러간 그만큼
세상에 없다
흘러간 그만큼 이 세상에 붙들어 두려고
한 나의 마음을 알기나 할까
그랬다면 조그만 나의 흐느낌은
남아 있기라도 할 것인데, 그렇지 못하므로

나는 남아 있지 않다 나는
무변無邊이다 나는 둥그런 원형이나
삼각형 사각형 또는 오각형 육각형으로
서 있을 수 없는 삶의 부스러기
초라한 육체의 기둥을 겨우 딛고 서 있을
뿐이므로 나는 세상에 한 번도 지도를 그려 본
적이 없으므로

입 속으로 나를 외우려는 자 헛되고
헛되도록 캄캄하여라 어느덧 땅은 흘러가 버려
참으로 무의미한 것이 조금씩 떠오를지 몰라, 그래도
바보처럼 바보처럼 나를 기억하려고 한다면

긴밀한 접촉

그것은
사랑이 부풀어 오를 때의 그 어떤
결합 사인보다도
두 사람이 배타적으로 그들만을 위해
우리 사이를 부러지게 딱 갈라놓는다

저리 가, 안 보이게끔, 저 멀리
따로 가,

그들이 원하지 않는 다른 세계를
멀리 돌아섰다는 것을 말하며
서로의 입술 위에 깊고 따뜻하게
키스하고 때로는 아주 가볍게 눈을 감음으로써
두 사람이 전혀 다른 활동을 할 수 없도록
하자는 것

뜨거운 촛농이여,
너는
바로 녹는다

앰뷸런스

부르르,

떨리는 순간이 먼저 왔다

아니야, 이건 정말 아니야, 정말로……

얼굴 위에 차가운 기름을 쏟아 부은 듯

튕겨 나가려는 말과 꼼짝하지 못하는 말의

그

사이에서

세상에 이런 일이, 넘어설 수 없는 일이, 이렇게……

난생 처음 당해 보는 푸르른 칼자국과

그를 피하려는 무참한 저항의 몸부림의 끝

그

사이에서

참으로 금방, 나는 사라졌다

따뜻한 밥 한 그릇처럼

내가 물고기를
잡는 순간,

물고기는 나를
잡았다

나는 물고기를 놓치지 않겠다며
낚싯대를 끌어 올리는데
이건 마치
한 마리 물고기의 밥이라도 된 것처럼 나도
물 위를 따라 올랐다

아이쿠, 이놈!
내가 큰소리로 버럭 지르자
물고기는 그때서야 스르르 나를 풀어
놓아주었다

어젯밤 따뜻한 밥 한 그릇처럼,

우리는 서로
그리하였다

제3부

밀려와서, 흠흠

저기 흐르는 물살은

오늘 처음인 듯 내게는 눈부신

광채를 주룩주룩 흘리며

어두운 곳에서 방금 핀

무수한 아름다운 소란을 던지고 있으니

오, 언제

하얀 찬물의 설렘을 너는 맡은 것이냐

어제까지만 해도 울퉁불퉁한

폐허를 드러내던 황막한 땅은

지금 금싸라기 은싸라기 같은 물보라만이

밀려와서, 흠흠

거듭 밀려와서

길은 죽음을 욕망한다

길은 처음 산에서
있는 듯 없는 듯 스며 있었을 것이다
있는 듯 없는 듯한 그 길을
따라 짐승들이 지나고 드문드문
유령 같은 인적이 밟았을 것이다
그러다가 마침내 길은 살며시
들판으로 내려와 마을 오솔길이 되고
꼬불꼬불 논둑길이 되고 장터로 향해 가는
달구지 길이 되었을 것이다 조금씩 그리로
사람들 그림자도 붐비기 시작했을 것이다

지금은 산에서 산으로, 들에서 들로,
터널에서 터널로 이어진 사통팔달 길에는
속력의 쾌감을 마시며 차들이 질주한다
모든 길은 정면과 측면으로 가없이 뻗어 있고
가속 페달은 제한속도를 거부하고 있다
길은 이제
죽음에 도전하는 폭력의 코스가 되어 있다

길에 길들면서 사람들 또한
욕망한다
브레이크 없는 질주에 몸을 내던지고 싶다고
마침내 저의 길을 끝내고 싶다고
끝없이 끝없이 사라지고 싶다고

궁극窮極

그들은
험준한 산악지대에 갇혀 있다
뒤쫓는 무리들을 돌아보며 그들은
이제 최후의 거점에 머물렀다, 궁극窮極이다
마른 손아귀로 꽉 움켜쥔
AK-47 소총은
차단된 퇴로에서 함께할 유일한 신념 또는 운명
죽이지 못하면 죽으리라,
황량한 풍경 속으로 던져지는 그들의 결의가
이 천지의 햇볕보다 더 뜨겁다
흙먼지가 죽음의 대지를 쓸며 지나간다
눈앞은 삭막하지만,
내일은 격정처럼 흘러올 것을 믿는다

총알은

총알은
너를 뚫고 지나간다
총알을 한 번
맞은 가슴은 벌집 쑤신 듯
꼼짝하지 못한 채 죽음을
수습함으로써
그 전, 또는 그 후에 있었던 일체의
약속을
뒤집어 버린다
그것은 처음의 약속처럼,
총알은 오직 한 번으로써 일체를
끝낼 뿐이다

악, 하는 순간을 오래 비워 둔 채
총알 하나가 지금 지나간다
금세
잊힌 이름처럼

명검名劍

이 명검은 아직 한 번도
써 본 적이 없다
아직 한 번도 내 손목에 휘둘리어
무슨 적의 가슴을 콱, 하고 찔러 본 적이
없다
명검은 오로지 명검일 뿐
수백 년간 내려온 누대의 조상의 역사가
칩칩 아로새겨져 있을 뿐
그 조상이 누군가의 목숨에 피를 뿌린 적이 있는지를
나는 잘 알지 못한다
아마 그런 적이 몇 번 있을 것이라고 믿으면서
그런 확고한 신념이 내게 내려 준, 하나의 꿋꿋한 징
표를
정당하게 생각한다
오늘도 칼날이 반듯한 명검을 조심스럽게 꺼내 본다
누릇한 칼집에서 푸른빛을 발하는 칼의 눈빛이
잔인하게 눈부시다
그 칼로 휩쓸어 내어야 할 몇몇 수상한 인물이 눈앞

에 있다면

그러나, 아무나 쉽게 죽일 수 없는 명검의 논리가
따로 있다
명검은 다룰 수 있는 자가 선택해야 할
최후의 당당한 무기이다
나는 명검을 오로지 즐기기나 할 뿐이다

그 순간

고속버스 휴게소에는
방금 소변을 보고 난 남녀들
몇몇
하체를 스치는 냉기를 어쩌지 못해
으스스 으스스 떨며 서 있는데

그런
외마디 비명은 어디 또 있을까
금세 오줌통을 마구 짜내듯
염치없이 방사에 힘껏 몰두하던
당시의 나는,
또한 당신은,

오줌 줄기가 드디어 하얗게 가늘어지자
욕망의 뿌리를 다 채웠는지 거둬 올리면서
헛헛한 마음으로 핑 돌아서는 것을
알기라도
했는가,

참으로 고속버스 휴게소는 머나멀다

발다로의 연인*

이탈리아 북부
만토바 부근에서
5, 6천 년 전 신석기 시대를 살았던
유골이 발견되었다.

그들은 남녀였고
두 사람은 뼛속 깊이 포옹하고 있으므로
보는 이의 모든 감정의 기반을 송두리째
뒤흔들었다.

열애는 반만년을 건너왔으며
그때까지 그들을 품었던, 파헤쳐진 붉은 흙더미는
사랑을 끝까지 지키지 못한 탓을 어쩔 줄 몰라 했고
현장의 고고학자들은 이 생생한 물증 앞에
입 안 가득 탄성을 머금었던 것이다.

---

* 만토바 지역에서 발견된 남녀 유골에 명명된 이름.

죽어서도 깨뜨릴 수 없는 사랑을……

그리하여 나는 상상한다,
너무나도 쉽게 사랑을 만들고 부수어 버리는
후세 사람들에게
그 죽음의 형상을 완벽하게 남겨 5, 6천 년 후로 밀어 보낸
사람들의 뜻이 얼마나 무거운 것인가를.

세상에는
결코 새로운 일은 일어나지 않는 것이다.

때를 놓치다

거리에는 세모가 출렁거리고
성탄 캐럴은 은빛 종을 흔드는데
우리 아파트 화단에는
한 해를 그냥 넘겨야 하는 올해의 미제사건들처럼
감나무 가지마다 아직 감들이
주렁주렁 매달려 있다.

이미 저들은
황금기를 훨씬 지나쳐 버린 데다
영하의 한파까지 다녀간 뒤여서
감들은 거무스레한 빛깔 속에 갇혀 한껏
음울해 있고
탄력을 잃은 껍질은 조금씩 내부로 윤곽을 무너뜨리면서
앙, 하고 그만 울어 버리지도 못한 채 입만 비죽거리는
아이처럼
제 슬픔을 몰래 견디거나, 혹은 감추며 있다.

까맣게 잊힌 마음 위에 벼락같이 솟아난
12월 하순의 저 쓸쓸한 감들이여,
아파트 주민들이 너희 앞을 수없이 지나쳤어도
감탄만 가득 머금었을 뿐, 손대지 않은 것은
너희를 아름다운 영혼으로 지켜 주기 위한 뜻이었다면
차라리 스스로 때를 알아 땅 위로 곤두박질치며
빛나는 추락을 한번 크게 소리 냈어야 했던 것은.

어쩔 것인가,
바라보는 이 마음도 너희처럼 민망스럽기만 한데
이미 늦어서 곶감도 될 수 없는 무력한 감들이여,
이제는 혼기를 멀리 놓쳐 버린 마흔 너머의 처녀처럼
겨울 하늘의 차가운 빛과 바람과 눈보라 속에
오로지 정결하게 너를 지키며
그 가지 끝을 불꽃같이 타오르고 있을 일이다.

어느 날, 툭—

네 꼭지가 허공 속에
아주 손을 놓아 버리는
무심한 한 순간이 오기까지는.

즐거운 날

신발을 훌쩍 벗어던지고
편히 쉬는 발이 있다
맨발이 된 자유, 그 맨발의
정신이
땅바닥에 제멋대로 그를 눕힌다
그는 천 리 밖 먼 하늘을
깊숙이 들여다보고 있다

숨을 들이켜면 하늘은 그의 가슴께로 흘러들어
비 오는 날 웅덩이처럼 가득 넘쳐, 쿨럭이며
출렁거린다
뻗어 내린 그의 두 다리는 길 안에서 길을 잃고
한때 시달리던 불의 욕망과 도로徒勞를 모두 잊었다
가벼운 질량이 그를 띄운다

그는 지금 꿈에서 그리던 유년의 바닷가 햇살 빛나는
까만 조약돌이 되고
높이 솟았다가 즐겁게 무너지는 모래둔덕이 되고,

혹은
　산정에서 펄럭이는 돌개바람이 되어 공중을 회오리
치며
　번쩍이며, 터지기도 한다

　오!
　숨을 쉬는 일을
　이렇게 온몸으로 느끼는 날이
　처음 이곳에 와 있다

한 잔만 더,

술잔을 앞에 두고
그는
늘 한 잔만 더, 달라고 했다
이미 술잔을 수없이 비운 다음이어서
그만두었으면 좋을 텐데, 한 잔만 더,
달라고 했다

그는 술을 좋아하기도 했지만
술이 그를 취하게도 만들었지만
마시고 마시고 또 마신 뒤의, 끝내 풀리지 않은 마음이
어지럽게
술판처럼 나뒹굴고 있었다

그러면서 그는 엉엉,
엉엉 소리 내며 울었다, 비분강개
오늘의 더러운 일본제국주의의 상상력을 내팽개치고
내일은 오로지 힘찬 파괴를 위하여
갇힘이 없는 자유와 건설을 위하여

나아가야지

암, 그래야지
만해 스님 오늘 밤
술이 세다

아슬아슬한 포도밭 풍경, 그 안과 바깥

순수한 빛의 알갱이들이
벌집처럼 뭉개진 채
매달려 있다
터져라! 터져라! 터져라!
라고
끝없이 내부를 향해 부르짖지만
차마 터뜨릴 수 없는 빛나는 불꽃 뭉게구름
하나,
떨어질 듯 떨어질 듯
하늘이 무섭다

반항

〈위험물질 접근 금지〉라는 글씨 크고 붉게 쓴
트럭 위로
우루루 가스통들이 실려 가고 있다
집중단속에 걸려든 조폭들처럼
실려 가는 동안에도 반성 없이 그들은 툴툴거린다
어디, 우리를 건드릴 테면 건드려 보라구!
세상 하나쯤 왈칵 뒤엎어 놓을 수도 있다는 듯이

평화를 위해

평화를 위해
총을 든다고 한다.
평화를 지키기 위해
성난 탱크를 밀어붙이고, 저 먼 바다로
함정을 급파하고, 미지의 하늘에는 초음속
전폭기를 띄워 보낸다

평화를 위해
전장에서 목숨 잃은, 침묵하는 병사의 무덤 앞에
헌화하며
그 묘비에 흔들리는 붉은 오열을 아로새기고
평화를 위해
산 자와 죽은 자 사이로 아프게 숨 막히는
레퀴엠을 울려 퍼뜨린다

그러나 다시 평화를 지키기 위해
저 불타는 전쟁터로 병력은 끝없이 증파되어야 하고
의회는 파병안을 승인하고

전선으로, 전선으로 실려 가는 너무나도 순수한
피들

평화를 위해
이토록 몽유병자처럼 우리 주변을 어슬렁거리는
파멸의 망령, 오오
헛된 춤

늦은 점심

당신의 몸이
하얀 뼈로 타오르고 있을 동안
우리는 화장장 구내식당으로 찾아가서
늦은 점심을 함께 했지요
당신은 이미 이 세상 사람이 아니라고
우리끼리 설렁탕을 시키고, 육개장을 시켜 먹으며
남아 있는 목숨을 건사했지요
소주도 한 잔씩 돌렸어요
당신이 화로에서 살과 뼈를 태우고 있을
동안이 아니면 영영 식사시간도 놓치게 된다면서
빠른 동작으로 점심 한 그릇을 뚝딱 비웠지요
당신과 함께 나눈 식사가 바로 며칠 전이어서
생각하면 가슴이 메어 숟가락을 내려놓아야 했는데도
아아, 당신은 이미 이 세상 사람이 아니라는 사실을
거역할 수 없는 일로 받아들이면서부터
슬픔보다는 눈앞의 공복이 더욱 절실했거든요
이런 우리가 밉지는 않았나요?

누님

벽화

<u>으흐흐</u>,
사내가 음침하게
소리 죽여 웃었다
제 손 안에 들어온 흰 팔목의
여자가 말도 못하는, 숨이 꽉 막힌,
온몸이 감전된,
피투성이 같은 몸짓으로
불빛 속에 제 앞가슴을 훤히 드러내 보인 채
아득하게 전신이 흔들렸다
<u>으흐흐</u>,
사내가 크게 움찔거릴 적마다
그녀는 온통 피가 붉은 벽화가 되어 갔다

여항산

내 안에 평생 여항산 있다
770미터 그 산 울창한 숲, 수정처럼 맑은
계곡물, 시원한 바람 소리 있다
꽃며느리밥풀, 은마타리, 구렁내덩굴, 취오동
피고 지는 피고 지는 야생화 있다

고향을 떠나온 지 이미 오랜
세월
지났어도
나는 한 번도 날 낳은 여항산 품을
잊은 적 없다
그리로 흐르던 산골물이 내 핏줄 되었고
그리로 흐르던 깨끗한 공기가 나의 폐를
키웠으므로

경남 함안군 여항면 주서리 274번지,
눈감기까지 버릴 수 없도록 푸르고
질긴 인연을 내게 준 고향은

영원한 내 영혼의 지번地番,
또 하나 내 몸의 유적, 그것은
오늘의 나를 이끄는 오래된 힘이 되었으므로

어서 가자, 가자
숨죽여 부르는 피의 노래를

제4부

당신을 지우려고

대교大橋의
일부 상판 사이에 예리하게
균열이 하나 지나갔다, 안 보일 것처럼

그것은 막을 수 없이
주먹으로
그의 가슴을 탕탕 거칠게 쳤다, 매우 성급하게
빠아프게, 뉘우침으로써

길이가 50미터 정도인 상판 밑면 곳곳에는
진행된 물증을 지우려고 한 흔적들이
보이기도 했다

참으로 긴 파멸이 입을 벌리고
기다리고 있는 줄 모르고, 혹은
그러지 않기를 바라면서
우리는 오래오래 입맞춤을 했다, 당신의 몸에 굶주린
나를 밀착시키려고 했던 것처럼

건강한 하나의 육체의 태어남을 위해서
열어야 할 바닷길은
한 번 죽고 또다시 태어나는 거대한 폭풍 같은 아침을
만나야 한다고 믿으면서,
그것을 지우려고

사람의 그늘

말할 때는 목소리가 카랑카랑하고
송곳니처럼 날카롭게 논리를 주장하던 그가
눈매에는 늘 차가운 위엄이 박혀 있어
말없이도 좌중을 압도하던 그가

지금, 소파에 기대어 잠들어 있다.
사지를 함부로 늘어뜨린 채 고개를
모로 젖히고
깊이를 알 수 없는 잠의 늪에 빠져 있는 그는
죽은 물고기처럼 입을 벌리고
게으르게 입가로 침을 흘리면서
때로는 악몽에 가위눌리는 양 부르르 온몸 떨며
숨겨온, 그의 본색의 일부를 드러내고 있다.

소파 뒤 벽면에 걸려 있는 금빛 시계는
정교하게 시간의 물길을 길어 올리고
그 물을 먹으며 피어나는 꽃들은 방 모서리에서
오늘도 밝게! 화사한 표정을 지어 보이는데

그는 언제 한번
구겨지고 싶은 꿈을 꾸었던 것일까,
반듯하게 절제하는 타성으로부터
규칙적인 일상의 금기로부터 온전히 풀려나기를
끊임없는 허기와 갈증으로 온몸 부르트며 무릎 꿇고
빌어 본 적이 있었던가.

창 너머 햇살이 길게 그림자를 키우는 오후의 실내
포근한 소파에 몸을 기대어 그는
낯선 풍경 속에 던져진 폐기물처럼
익숙한 관계를 끊고, 저 혼자, 어느 낯선 시간의 표면 위를
느릿느릿
부유하고 있다.

가끔씩 드르렁거리는 콧숨 소리를 빈방에 토해 내며
해독할 수 없는 그만의 중얼거림 끝에 입맛 다시며
가랑이 사이로는 욕망의 무게를 늘어뜨린 채

세상에서 가장 바보나 된 것처럼, 지금 그렇게.

침묵

물은 까마득히 말랐다
말랐다고 하는 순간이 여러 번 있었다
그러다가 정전처럼 물의 흐름이 끊긴 것이다

듬성듬성 지나가는 대형 트럭의
숨찬 바퀴 소리가 바람의 언덕배기를
핥고 지나갔다
검은 본능이 소용돌이치는,
붉은 들짐승이 하나가 되어 이루는 절정이,
무척 깊었다

아무도 말하지 않는다, 누구도
하얀 보자기에 둘러싸인
메마른 고통이 어디로 흘러갈 것인지에
대하여
침묵이다

오, 완성된 침묵!

하루

무덤에선 몇 마리의 붉고 긴 뱀이

흘러나왔다

멧돼지가 포도나무 아래서 주둥이로

깊게 흙을 팠다

벌에 쏀 남자의 전신에는 자주 화염이,

화염이 솟구쳐 올랐다

하산하는 길은 거친 잡목들의 불심검문으로 끝없이 지루했다

마을 저수지에 둘러빠진 초승달 허리뼈에

시퍼렇게 금이 갔다

불길한 꿈을 환약처럼 삼키고 있는 무성한 들판

따뜻한 입술

참, 어서 모였구나. 너희들
오랜만에 만난
나의 아들과 딸, 사위, 며느리 그리고
아리따운 손녀들과의 만남, 혹은 그런 이유로

함께 점심식사를 나누자고
보고 싶은 겨울 풍경 하나씩 떠올리며
얼어붙은 한강을 결빙의 아버지*로 부르던
그때, 그 시절을 이야기하면서

그런 다음, 정말
나는 아무런 말을 꺼낼 수 없었다.
우리의 차는 강북강변도로에서 여의도 방향으로
접어들며
무슨 희미한 기억들을 떠올리곤 하였으나, 나는

---

* 한강에 뜬 얼음을 자식의 몸으로 생각하며 몰래 덮어 주던 아버지의 따뜻한 마음을 그린 나의 시 「결빙의 아버지」.

한마디 말도 뱉어낼 수가 없었다.

놀란 아내와
아들, 며느리와 딸, 사위 앞에서
응급환자실의 재빠른 몸짓 속에서
나는 떠오르는 별처럼 순간 잠잠하였다.
무엇으로 하여 크게 흔들렸다, 그러곤
오래 침묵하였나 보다. 그럴 것이다. 정말 아무것도
알 수 없었다.

드디어
내가 눈을 떴을 때
세상은 깜짝 놀란 빛으로
나를 쳐다보았다.
불안한 심박心搏의 물결을 거슬러 오르던 한 남자의
숨찬 입술이 거기에 놓여 있었으므로.

오!

참, 따뜻했다.

산해이용원

이용원은 꽝꽝, 문이 닫혀 있습니다.
그 속에 허연 거미줄 몇 토막 유령처럼
떠돌고 있습니다.
아무렇게나 삐어져 나온 못대가리들
주체 없이 헤매고 있습니다.
적층식 가옥구조와 미로 같은 골목길을 따라
아래로 흘러내리는 동네에는
길이 너무 좁아 두 사람이 마주 지나칠 수 없습니다.
바라다보이는 바닷가 선창에는 아득하게
60년대 옛사랑이 흘러갑니다.

이 마을 곳곳에 피어난 낡고 쇠락한 공간을
건드려 볼까요?
아니, 아니, 그냥 그대로 두십시오. 그것은
시간만이 해결해 드릴 것입니다.
폐가들 위로 무너져 내리는 폐가들, 그 위에
아름답게 쌓이는 폐가들, 눈물짓는 폐가들,

고장 난 TV와 커다란 곰 한 마리, 찌부러진 우편함이며
아이들 헌 공책, 철없이 자라난 나무들까지

그것은 우리의 자랑스러운 상속입니다.
우리는 부채를 짊어지고 살아갑니다.

휘적거리다

그는
코 성형수술을 잘못 받았음.
코 속에 손댈 수 없는 거대한 불화가
끓어오르기 시작하여
매일 그는 삶과 죽음의 부패한 건널목 위를 휘적거리며
걷고 있음.

아무래도 손을 대지 말아야 할 분야에
손을 댄 것 같음.
그것이 누구의 잘못 때문이었는지를 말하기가 쉽지 않으며
결국은 자기 자신에게 돌이켜야 할 것임을
알기에
LA 베벌리힐스의 병원 속으로 몰래 숨어드는 그를
측은지심으로 바라보고 있음.

그는 올해 나이 쉰 살,

세상에 최상으로 빛날 화려한 목소리의 배역들을
거느리면서
눈부신 스텝으로 그는 이 자리에 등장해야 할 터인데
하, 정말 무슨 이런 일이?
유난히 창백해진 입술, 붉게 손을 물들이는 염증, 심하게
부어오른 뺨으로 차마 말할 수 없는, 그는 실어증 환자처럼
급히 더듬거려 대고 있음.

감염증은
자칫 살을 파먹을 수도 있으므로
추후 관찰을 요함.

---

* 2009년 6월 25일 오후, 마이클 잭슨은 우리들 곁을 떠났다. 세기의 신화를 이루었던 팝 황제의 죽음은 그를 아끼는 수많은 팬들에게 절망감, 그 자체였다.

봄에게 붙들리다

불두덩이
제법 울긋불긋하다
아직 한 번도 맡아 보지 못한
파릇한 냄새
새봄을 따라 화들짝 피어날 것이라는데
옹골차게 맺은 주렴
하르르, 하르르 풀릴 것이라는데
저 겨울을 건너온 손이 봄에게
눈부시게 바통 터치할 것이라는데
나는 이런 기다림만으로라도 쩔쩔 매여서
아무것도 할 수 없는 봄,
봄, 봄,

죽변항 어부 김씨의 취언醉言

파도가 일어서는 몸짓만 봐도
알고
해수 빛깔만 봐도 나는 알지,
바닷속 어디에 고기 떼가 모여서 흐르는지를.

니 애비는 일찍이 어군탐지기를 본 적 없고
어획이라는 힘든 말도, 정보도 들은 바 없지만
열여섯 살, 배를 처음 탈 적부터
그저 바다를 몸으로 느끼면서 고기 잡는 법을
배웠단다.

내가 그렇게 배웠듯이, 아들아
너도 그렇게 배워야 한다.
장인의 손끝에서 비로소 징 소리는 유순하게 결이
잡히고
쇠북 소리는 신묘한 울림의 집을 짓듯이
세상에서 제일 좋은 법은 계량하는 데 있지 않고
온몸을 부딪쳐서 느낌으로 만나는 것.

그러니 아들아,
새벽 일찍부터 해 저물고 밤 깊은 시간까지
저 바다 넘실거리는 물소리에 네 귀를 크게 열어라.
파도가 이뤄 내는 온갖 모양과 강약, 그 고저며 장단,
멈춤과 소용돌이의 기교 하나하나를
너는 바닥에서부터 배워 가야 한다.

또한 햇빛 아래 청청하게 펼쳐진 물 빛깔이
시시각각 변화하는, 그 명도의 흐름을 잡아내야 한다.
수면 저 아래로도 층층이 바다의 길은 열려 있어
계절 따라 이동하는 고기 떼의 몸뚱이와 빛깔,
지느러미, 꼬리에서 튕겨 내는 생명의 불꽃 파장을
네 몸이 받아서 그대로 읽어 내야 한다.

아들아,
참으로 네가 어부가 되려거든
네 머릿속에 바다를 지배하는 우상을 짓지 말고
네 온몸이 먼저 바다가 되어야 한다.

거침없이 바다가 네 안으로 솟구치며
들어서야 한다.

자만심

몸집이 거대한
거의 무신경 이는
잿빛 거죽을 두텁게 쓴 코끼리는
사육사가 굴려 주는 공을 힘껏 발로 차서
그것이 전방 10미터쯤 떨어진 골문 안으로 쑤욱
골인되자
자신의 기다란 코를 감아올리며
둔중한 체구를 음악에 맞춰 흔들며, 제법
골 세리머니까지 하는 애교를 부렸다.

수천 킬로그램의 막강 덩치에도
눈은 겨우 단추 구멍만하게 달린 녀석이
하! 골문을 제대로 알아본다는 것,
또한 골인을 분명히 알고 있다는 것이
참으로 신기하고 기특해서 즐겁다는 듯이

인간을 쏙 빼닮은 행동을 해낸

동물에 대하여 순간적으로 쉽게 드러내 보인
우리들의 거침없는 자만심이
열대의 코끼리 쇼 공연장 관람객석을
뜨거운 박수, 박수, 박수로 달구었다.

노인의 방

노인의 눈은
퀭하다.
덕장에서 막 겨울바람에 말린
명태처럼 육탈골립肉脫骨立한 깡마른 얼굴, 그 위에
움푹하게 팬 눈의 시선이
어느새 외골수로 깊이 길들여져 있다.

목소리도 노인은
칼칼하다.
젊은 날 부드러운 유액油液처럼 흘러내린
성대의 윤기는 사라진 지 이미 오래.
후문喉門은 좁아지고 공명은 떨어져 나가
입에서는 쇳조각 부딪치는, 건조한 음색이 피어난다.

노인은 이도
엄청 빠졌다.
질긴 세월을 오래 씹어 왔으므로 식상한 듯
부서져 나간 치아들,

잇몸이 숭숭 드러나므로 좀체 웃지 않아
더욱 굳게 침묵을 봉인한 입은 옛 성채처럼
무겁게 사방이 닫혀 있다.

노인은 이제
시간이 저를 구박한다고 생각하고
멀리 자리를 피해 돌아올 기색이 없다.
자신이 판 구덩이를 진지라고 믿고 오롯이 들어앉은
노인은 고집이
성난 황소다.

— 절대로 그리로 가까이 가지 마라.

당신의 욕망

까만 몸속에 감춰진
뽀얀 속살
천하제일의 별미, 겨울철에는
힘이 불끈불끈 치솟는 장어가
전국에서 정말 최고랍니다. 당신은 벌써
알고 계시는군요. 쿡쿡거리는 입맛에 쐬주 한 잔,
기분이 좋다마다요.
어서 오세요, 우리 집에서는
일주일에 세 번 통영에서 자연산을 잡아 오면
대단한 입맛으로 펄떡거리는 육체의 질량
부수고 으깨어 싱싱하게 만들어 드리는 곳.
용트림하듯 꿈틀대는 힘만큼
자신 있어요, 어서 한번 드셔 보시라니깐요.
장어를 팔아요, 바닷장어 드세요.
한겨울에 뻘건 숯불 타오르는 곳, 컴컴한 당신의
욕망, 저 깊디깊은 곳!

귀가 간다

귀가 가고 있다.
파랗게 소리의 파장을 따라 물결치던
귀가
한 점 구름 없이 청명했던 내 귀가
어느샌가 나도 몰래 어두운 길을 가고 있다.
이미 너무 많은 것을 들은 것 같기도
하다.
들을 만큼 들었으므로 귀의 문이
닫힐 때도 되긴 되었다.
그런가?
씹어 삼킨 풀을 소가 되새김질하듯
이미 귀에 담아 둔 소리들을
꺼내어 되씹는 일만으로도
앞으로 남은 생은 충분하다는 것일까?
분명히, 더 들어야 할 말이 있을 것 같은데
듣고 싶은 소리들이 남아 있을 것 같은데
더 들을 일 없다는 듯이 귀가 가고 있다.
멀어지고 있다.
조금씩, 귀의 문이 닫히고 있다.

사랑은 달라

이제 사랑은
조금도 기다리지 않는다
그것은 바로 쓰고, 바로 되받는 제스처로
즉각 우리에게 명령한다, 사랑은
옛날처럼 어리석지 않게, 공중전화에 기댄 사람처럼
목마른 기다림을 주지 않는다, 부풀어 터지는 달의 표면의
몸짓을 기다린다면 정말 어리석은 일, 당신은 바로
말해야 하고, 엉터리 같은 용어로 기웃거리면서
수상쩍게 쓰지 말 것, 다만 팽팽한 두 눈알로 서로를
들여다볼 것, 그리고 사랑은 더 이상 기다리지 않아,
더 이상 용서 못해, 사랑은
그냥 뒤집어질 거야

어느 날의 화두

아무 일 없었던
쌀독에서
웬 날벌레 포르르 날아오르고

바닥까지 앉은 돌마저 환히 비치도록
맑기만 했던
개울물에
어느새 물고기들 생겨나 춤추는 일

모르겠다,
누가 저런 기막힌 요술
부리는 건지

오늘은 화분의 검은 흙을 뚫고
기어 나온 지렁이 한 마리 베란다 타일 바닥
위를
보란 듯 꿈틀대는 일이

하,

정말 예삿일 아니다